BEI GRIN MACHT SICH IHR WISSEN BEZAHLT

- Wir veröffentlichen Ihre Hausarbeit, Bachelor- und Masterarbeit

- Ihr eigenes eBook und Buch - weltweit in allen wichtigen Shops

- Verdienen Sie an jedem Verkauf

Jetzt bei www.GRIN.com hochladen und kostenlos publizieren

Jan Drees, Matthias Ketteler

Datenbanken und Informationssysteme

GRIN Verlag

Bibliografische Information der Deutschen Nationalbibliothek:

Die Deutsche Bibliothek verzeichnet diese Publikation in der Deutschen National-
bibliografie; detaillierte bibliografische Daten sind im Internet über http://dnb.d-nb.de/ abrufbar.

Dieses Werk sowie alle darin enthaltenen einzelnen Beiträge und Abbildungen sind urheberrechtlich geschützt. Jede Verwertung, die nicht ausdrücklich vom Urheberrechtsschutz zugelassen ist, bedarf der vorherigen Zustimmung des Verlages. Das gilt insbesondere für Vervielfältigungen, Bearbeitungen, Übersetzungen, Mikroverfilmungen, Auswertungen durch Datenbanken und für die Einspeicherung und Verarbeitung in elektronische Systeme. Alle Rechte, auch die des auszugsweisen Nachdrucks, der fotomechanischen Wiedergabe (einschließlich Mikrokopie) sowie der Auswertung durch Datenbanken oder ähnliche Einrichtungen, vorbehalten.

Impressum:

Copyright © 2010 GRIN Verlag GmbH
Druck und Bindung: Books on Demand GmbH, Norderstedt Germany
ISBN: 978-3-656-17764-7

Dieses Buch bei GRIN:

http://www.grin.com/de/e-book/189750/datenbanken-und-informationssysteme

GRIN - Your knowledge has value

Der GRIN Verlag publiziert seit 1998 wissenschaftliche Arbeiten von Studenten, Hochschullehrern und anderen Akademikern als eBook und gedrucktes Buch. Die Verlagswebsite www.grin.com ist die ideale Plattform zur Veröffentlichung von Hausarbeiten, Abschlussarbeiten, wissenschaftlichen Aufsätzen, Dissertationen und Fachbüchern.

Besuchen Sie uns im Internet:

http://www.grin.com/

http://www.facebook.com/grincom

http://www.twitter.com/grin_com

2010

Datenbanken und Informationssysteme
Dokumentation Aufgabe 9
TPC-A Benchmark Messung

Jan Drees, Matthias Ketteler

Gruppe 3.2

Inhaltsverzeichnis

1. Aufgabenstellung 3
2. Vorgehen 5
   2.1 Klasse Transaktion 6
   2.2 main()- Methode 6
      2.2.1 selectBranchid()- Methode 10
      2.2.2 updateBranches()- Methode 10
      2.2.3 updateTellers()- Methode 11
      2.1.4 updateAccounts()- Methode 11
      2.2.5 insertHistory()- Methode 12
3. Optimierungen 13
4. Messergebnisse 15
5. Anhang 16

1. Aufgabenstellung

Schreiben Sie für die **Benchmark-Datenbanken** aus der Praktikumsaufgabe 7 eine Methode (oder Funktion), die die folgende **Auszahlungstransaktion** innerhalb einer bestehenden(!) Datenbankverbindung (engl. Connection) durchführt:

Die Prozedur erwartet als Eingabeparameter Werte für
- eine Kontonummer ACCID,
- eine Geldautomatennummer TELLERID,
- eine Zweigstellennummer BRANCHID
- und einen Auszahlungsbetrag DELTA.

Dann sollen innerhalb der Transaktion die folgenden Einzelschritte durchgeführt werden:

- in der Relation ACCOUNTS soll der zu ACCID gehörige neue Kontostand BALANCE ermittelt und aktualisiert werden,
- in der Relation HISTORY soll die Auszahlung protokolliert werden,
- in der Relation TELLERS soll die zu TELLERID gehörige neue Bilanzsumme BALANCE aktualisiert werden,
- in der Relation BRANCHES soll die zu BRANCHID gehörige neue Bilanzsumme BALANCE aktualisiert werden.

Der oben ermittelte, neue Kontostand ACCOUNTS.BALANCE soll als Ausgabeparameter der Prozedur zurückgegeben werden. Nutzen Sie die obige Prozedur in einem Benchmark-Programm, das 10 Minuten lang die obigen Transaktionen mit zufällig gewählten, sinnvollen Parametern in einer Schleife durchführt und dabei die bekannten ACID-Eigenschaften garantiert. Nach den ersten 4 Minuten „Einschwingphase" soll Ihr Programm die Anzahl der innerhalb der nächsten 5 Minuten durchgeführten Transaktionen bestimmen und ausgeben (zusammen mit der durchschnittlichen Anzahl von Transaktionen pro Sekunde). Danach verbleibt noch eine 1-minütige „Ausschwingphase".

Erzeugen Sie eine 50-tps-Datenbank und führen Sie die folgenden Benchmark-Messungen durch, nachdem Sie vorab jeweils die HISTORY-Relation geleert haben (die drei anderen Relationen müssen nicht neu initialisiert werden!):

a) Starten Sie Ihr Programm genau einmal auf einem Client-Rechner und protokollieren Sie die Ergebnisse.

b) Starten Sie Ihr Programm 5-mal nebenläufig auf einem Client-Rechner und bestimmen Sie die Gesamtsumme der Transaktionen und die durchschnittliche Anzahl von Transaktionen pro Sekunde, die der Server insgesamt bearbeitet. (Achten Sie darauf, dass nicht alle Programminstanzen dieselben Folgen von Zufallszahlen nutzen!)

c) Starten Sie Ihr Programm 5-mal nebenläufig auf jeweils zwei verschiedenen Client-Rechnern. Ermitteln Sie wieder die Gesamtzahl der Transaktionen sowie die durchschnittliche Anzahl pro Sekunde!

d) Verbessern Sie wieder den Durchsatz Ihres Datenbankmanagementsystems und dokumentieren Sie durchgeführte Verbesserungsideen und ihre Auswirkungen auf den erzielten Durchsatz!

Falls bei den Benchmark-Messungen unvorhergesehene Probleme auftreten, beschreiben Sie diese und versuchen Sie, deren Ursachen zu ergründen und zu erläutern. Geben Sie im Moodle ein gut kommentiertes Programm, Ihre Dokumentation und die protokollierten

Ergebnisse als ein pdf-Dokument ab!

2. Vorgehen

Zuerst wurde ein neues Java- Projekt mit dem Namen „Aufgabe9transaktionen" in der Eclipse Entwicklungsumgebung erzeugt und der JDBC- Treiber installiert, damit man eine Schnittstelle zwischen Programm und Datenbank hat.

Im Projekt wurde eine Klasse mit dem Namen „Transaktionen", erzeugt. Die Funktionen der Klasse wird unter den Punkten 2.1.1 – 2.1.6 erläutert. Das Programm durchläuft 3 Phasen, die „Einschwingphase", die „Messphase" und die „Ausschwingphase". Die Phasen sind unter dem Punkt 2.1.1 erläutert. Der komplette Quellcode ist im Anhang zu finden.

Eingesetzte Werkzeuge:

Datenbank: MySql Community Server 5.1.53

MySql Workbench 5.2 CE

Java- Entwicklungsumgebung: Eclipse SDK 3.61 Helios

Java JRE Version 6

2.1 Klasse Transaktion

In der Klasse Transaktionen werden folgende Variablen bzw. Konstanten deklariert.

```
//Variablen deklarieren
final static String dbURL = "jdbc:mysql://192.168.6.12/cap_database?rewriteBatchedStatements=true";
final static String dbUser = "root";
final static String dbPass = "keule";
static Statement st;
static Connection connection;
static int accid = 0;
static int branchid = 0;
static int tellerid = 0;
static int balance = 0;
static int delta = 0;
static int i = 0;
static float avgTrans = 0;
static int n = 50;
```

Die Klasse Transaktion enthält die main()-Methode und ist somit der Einstiegspunkt des Programms. Des weiteren enthält die Klasse die Methoden „selectBranchid()", „updateBranches()", „updateTellers()", „updateAccounts()", „insertHistory()", die alle von der main()-Methode aufgerufen werden. Die Methoden werden in den folgenden Punkten näher erläutert.

2.2 main() - Methode

Innerhalb der main()- Methode wird die Verbindung zur Datenbank hergestellt.

```
public static void main(String[]args){
    try {
        //jdbc Treiber laden
        Class.forName("com.mysql.jdbc.Driver");
    } catch (ClassNotFoundException e1) {
        // TODO Auto-generated catch block
        e1.printStackTrace();
    }

    try {
        //Verbindung zur DB herstellen
        connection= DriverManager.getConnection(dbURL, dbUser, dbPass);
        st= connection.createStatement();
        connection.setAutoCommit(false);
```

Die Prepared Statements werden definiert. Ein Prepared Statement ist eine sogenannte vorbereitete Anweisung für ein Datenbanksystem. Im Gegensatz zu gewöhnlichen Statements enthält es noch keine Parameterwerte. Anstatt dessen werden dem Datenbanksystem Platzhalter übergeben. Soll ein Statement mit unterschiedlichen Parametern mehrere Male (z. B. innerhalb einer Schleife) auf dem Datenbanksystem ausgeführt werden, erreicht man mit Prepared Statements einen deutlichen Geschwindigkeitsvorteil, da das Statement schon im Datenbanksystem vorliegt und nur noch mit den neuen Parametern ausgeführt werden muss.

```
//Prepared Statements
PreparedStatement ps1 = connection.prepareStatement(
"UPDATE accounts SET balance = balance - ? WHERE accid = ?");

PreparedStatement ps2 = connection.prepareStatement(
"UPDATE tellers SET balance = balance - ? WHERE tellerid = ?");

PreparedStatement ps3 = connection.prepareStatement(
"UPDATE branches SET balance = balance - ? WHERE branchid = ?");

PreparedStatement ps4 = connection.prepareStatement(
"INSERT INTO history (accid , tellerid , delta, branchid , accbalance , cmmnt) "+
"VALUES( ?, ?, ?, ?, ?, ? )");

PreparedStatement ps5 = connection.prepareStatement(
"SELECT branchid FROM accounts WHERE accid = ? ");
```

Damit die Relation history nicht zu groß wird, werden bei jedem Start des Programms die Datensätze gelöscht. Dies wird mit dem Befehl TRUNCATE TABLE durchgeführt.

```
st = connection.createStatement();
st.executeQuery("TRUNCATE TABLE history");
connection.commit();
```

Zwei Variablen mit Zeiten werden definiert. Die eine beinhaltet die Startzeit und die andere wird bei jedem Schleifendurchlauf aktualisiert. Damit kann man festlegen wie lange die Schleife laufen soll.

```
//Startzeit festlegen
long zeit1 = System.currentTimeMillis();
long zeit2 = System.currentTimeMillis();
```

Während der While- Schleife werden die Methoden „selectBranchid()", „updateBranches()", „updateTellers()", „updateAccounts()", „insertHistory()" aufgerufen, die die Transaktionen durchführen. In der Schleife werden drei verschiedene Phasen durchlaufen, die „Einschwingphase", die „Messphase" und die „Ausschwingphase". Die „Einschwingphase" dient dazu, der Festplatte Zeit zu geben, richtig anzulaufen und alle Prozesse im DBMS zu aktivieren. Außerdem stellt sie sicher, dass bei einer Messung mit mehreren Clients, alle gleichzeitig aktiv sind. Sie dauert 4 Minuten. Während der Messphase werden die Transaktionen, durch die Zählervariable „i", 5 Minuten lang gezählt. Die„Ausschwingphase" dauert 1 Minute. Nachdem die Schleife endet werden die Gesamtzahl der Transaktionen, sowie die Transaktionen pro Sekunde, während der Messung, ausgegeben.

```java
//Beginn der Transaktionen
System.out.println("Beginn der Einschwungphase");
while (zeit1 < zeit2 + 600000){

    //Zufallszahlen festlegen
    accid = (int)(Math.random()*n*100000+1);
    tellerid = (int)(Math.random()*n*10+1);
    delta = (int)((Math.random()*500)+1);

    //Methodenaufruf
    selectBranchID(ps5);
    updateTellers(ps2);
    updateAccount(ps1);
    updateBranches(ps3);
    insertHistory(ps4);

    //Messung
    if(zeit1 >= zeit2 + 240000 && zeit1 <= zeit2 + 540000){
        i++;
        System.out.println("Transaktion "+i);
    }

    zeit1 = System.currentTimeMillis();
    connection.commit();

}

avgTrans = i/300;
System.out.println("Transaktion während der Messung: "+i);
System.out.println("Durchschnittliche Transaktionen: "+avgTrans);
```

2.2.1 selectBranchid() - Methode

Die selectBranchid()- Methode erwartet PreparedStatement ps5 als Parameter. In diesem ist eine SELECT Abfrage enthalten um die passende branchid zu bekommen. Das Ergebnis wird in einem ResutSet festgehalten. Aus dem ResultSet heraus wird der Wert in die branchid- Variable gespeichert. Die passende Branchid zur Accid wird herausgesucht und in die branchid- Variable gespeichert.

```java
private static void selectBranchID(PreparedStatement ps5) {
try{
    ps5.setInt(1,accid);
    ResultSet rs = ps5.executeQuery();

    while (rs.next())
    {
        branchid = rs.getInt(1);
    }

    } catch (Exception e) {
        e.printStackTrace();
    }

}
```

2.2.2 updateBranches() - Methode

Die updateBranches() - Methode erwartet PreparedStatement ps3 als Parameter. In diesem ist ein UPDATE Befehl enthalten um den Kontostand „balance" zu aktualisieren. Die Werte werden über den setInt()- Befehl in die Platzhalter des Prepared Statement eingefügt. Diese werden per executeUpdate() an die Datenbank geschickt

```
private static void updateBranches(PreparedStatement ps3) {
try {

    ps3.setInt(1,delta);
    ps3.setInt(2,branchid);
    ps3.executeUpdate();

    } catch (Exception e) {
        e.printStackTrace();
    }

}
```

2.2.3 updateTellers() - Methode

Die updateTellers()- Methode erwartet PreparedStatement ps2 als Parameter. In diesem ist ein UPDATE Befehl enthalten um den Kontostand „balance" in dem Tupel mit der entsprechenden tellerid zu aktualisieren. Die Werte werden über den setInt()-Befehl in die Platzhalter des Prepared Statement eingefügt. Diese werden per executeUpdate() an die Datenbank geschickt.

```
private static void updateTellers(PreparedStatement ps2) {
    try {

    ps2.setInt(1,delta);
    ps2.setInt(2,tellerid);
    ps2.executeUpdate();

    } catch (Exception e) {
        e.printStackTrace();
    }

}
```

2.2.4 updateAccounts() - Methode

Die updateAccounts() - Methode erwartet PreparedStatement ps1 als Parameter. In diesem ist ein UPDATE Befehl enthalten um den Kontostand „balance" in dem Tupel mit der entsprechenden tellerid zu aktualisieren. Die Werte werden über den setInt()-Befehl in die Platzhalter des Prepared Statement eingefügt. Diese werden per executeUpdate() an die Datenbank geschickt.

```
private static void updateAccount(PreparedStatement ps1) {
    try {

    ps1.setInt(1,delta);
    ps1.setInt(2,accid);
    ps1.executeUpdate();

    } catch (Exception e) {
        e.printStackTrace();
    }

}
```

2.2.5 insertHistory() - Methode

Die insertHistory() - Methode erwartet PreparedStatement ps4 als Parameter. In diesem ist ein INSERT Befehl enthalten, um die transaktionsrelevanten Daten zu speichern. Die Werte werden über den setInt()- Befehl in die Platzhalter des Prepared Statement eingefügt. Diese werden per executeUpdate() an die Datenbank geschickt.

```
private static void insertHistory(PreparedStatement ps4) {
try {

    ps4.setInt(1,accid);
    ps4.setInt(2,tellerid);
    ps4.setInt(3,delta);
    ps4.setInt(4,branchid);
    ps4.setInt(5,(balance-delta));
    ps4.setString(6, "KommentarKommentarKommentarKom");
    ps4.executeUpdate();

    } catch (Exception e) {
        e.printStackTrace();
        }
    }
```

3. Optimierungen

Folgende Messwerte wurden ohne jegliche Einstellungen am Datenbankmanagementsystem erzielt, mit deaktiviertem Festplattencache.

	1 Client	5 Clients	10 Clients
Transaktionen pro Sec. (tps)	26	40	50
Transaktionen während der Messung	8079	12095	15710

Um den Durchsatz (tps) zu verbessern, wurden im Datenbankmanagementsystem diverse Arten von Optimierungen getestet, die aber nicht zu einer Zunahme der Geschwindigkeit führten. Es wurde wegen der langen Testdauer immer mit einem Client getestet. Folgende Ergebnisse wurden nach Anpassungen verschiedener Arten von Caches und Buffers erzielt:

Optimierungen am DBMS

	Transaktionen pro sec 1 Client	Bewertung
Read Buffer size verdoppelt (64k ->128k)	27	innerhalb der Messtoleranz
Read_rnd_buffer_size (256K ->512K)	26	innerhalb der Messtoleranz
Key buffer size (25m ->50m)	26	innerhalb der Messtoleranz
table definitions cache (256->512)	26	innerhalb der Messtoleranz
table open cache (64 ->128)	26	innerhalb der Messtoleranz
max allowed packet (1048576)	27	innerhalb der Messtoleranz
thread_cache_size (8->14)	26	innerhalb der Messtoleranz

Rekonfiguration des SQL-Servers

In Folge der sich nicht bessernden Messwerte, trotz vielfältiger Anpassungen im DBMS, wurde als nächste Optimierungsmöglichkeit eine Rekonfiguration des SQL-Servers vorgenommen. Der SQL-Server wurde zu Beginn der Veranstaltung mit der Standardkonfiguration als „Developer Maschine" installiert, ohne weitere Anpassungen vorzunehmen. Bei der Rekonfiguration wurde der Servertyp von „Developer Maschine" auf „Dedicated Mysl Server Maschine" (siehe Abbildung) gesetzt. Bei dieser Einstellung wird der gesamte verfügbare Arbeitsspeicher dem SQL-Server zugeordnet was zu einer größeren Gesamtperformance führen dürfte.

⊙ **Dedicated MySQL Server Machine**
This machine is dedicated to run the MySQL Database Server. No other servers, such as a web or mail server, will be run. MySQL will utilize up to all available memory.

Die Umstellung der Serverart führte zu folgenden Verbesserungen bei den Transaktionen.

Dedicated SQL-Server Messung

	1 Client	5 Clients	10 Clients
Transaktionen pro Sec. (tps)	34	65	85

4. Messergebnisse

Folgende Messergebnisse wurden für 1, 5 und 10 Clients als Endlösung erfasst.

Anzahl der Clients	1	5	10
Transaktionen gesamt	10210	19512	25512
Transaktionen pro Sekunde (tps)	34	65	85

1 Client erreicht innerhalb der Messzeit insgesamt 10210 Transaktionen, was pro Sekunde einen Datendurchsatz von 34 Transkationen bedeutet.

5 Clients erzielen innerhalb der Messzeit insgesamt 19512 Transaktionen, was pro Sekunde einen Datendurchsatz von 65 Transaktionen bedeutet.

10 Clients schaffen innerhalb der Messzeit insgesamt 25512 Transaktionen, was pro Sekunde einen Datendurchsatz von 85 Transaktionen bedeutet.

5. Anhang

```java
import java.sql.Connection;

public class Transaktionen {

    //Variablen deklarieren
    final static String dbURL = "jdbc:mysql://192.168.6.12/cap_database?rewriteBatchedStatements=true";
    final static String dbUser = "root";
    final static String dbPass = "keule";
    static Statement st;
    static Connection connection;
    static int accid = 0;
    static int branchid = 0;
    static int tellerid = 0;
    static int balance = 0;
    static int delta = 0;
    static int i = 0;
    static float avgTrans = 0;
    static int n = 50;


    public static void main(String[]args){

        try {

            //jdbc Treiber laden
            Class.forName("com.mysql.jdbc.Driver");
        } catch (ClassNotFoundException e1) {
            // TODO Auto-generated catch block
            e1.printStackTrace();
        }
    try {

        //Verbindung zur DB herstellen
        connection= DriverManager.getConnection(dbURL, dbUser, dbPass);
        st= connection.createStatement();
        connection.setAutoCommit(false);


        //Prepared Statements
        PreparedStatement ps1 = connection.prepareStatement(
        "UPDATE accounts SET balance = balance - ? WHERE accid = ?");

        PreparedStatement ps2 = connection.prepareStatement(
        "UPDATE tellers SET balance = balance - ? WHERE tellerid = ?");

        PreparedStatement ps3 = connection.prepareStatement(
        "UPDATE branches SET balance = balance - ? WHERE branchid = ?");

        PreparedStatement ps4 = connection.prepareStatement(
        "INSERT INTO history (accid , tellerid , delta, branchid , accbalance , cmmnt) "+
        "VALUES( ?, ?, ?, ?, ?, ? )");

        PreparedStatement ps5 = connection.prepareStatement(
        "SELECT branchid FROM accounts WHERE accid = ? ");

        st = connection.createStatement();
        st.executeQuery("TRUNCATE TABLE history");
        connection.commit();
```

```java
//Startzeit festlegen
long zeit1 = System.currentTimeMillis();
long zeit2 = System.currentTimeMillis();

//Beginn der Transaktionen
System.out.println("Beginn der Einschwungphase");
while (zeit1 < zeit2 + 600000){

    //Zufallszahlen festlegen
    accid = (int)(Math.random()*n*100000+1);
    tellerid = (int)(Math.random()*n*10+1);
    delta = (int)((Math.random()*500)+1);

    //Methodenaufruf
    selectBranchID(ps5);
    updateTellers(ps2);
    updateAccount(ps1);
    updateBranches(ps3);
    insertHistory(ps4);

    //Messung
    if(zeit1 >= zeit2 + 240000 && zeit1 <= zeit2 + 540000){
        i++;
        System.out.println("Transaktion "+i);
    }

    zeit1 = System.currentTimeMillis();
    connection.commit();

}

        avgTrans = i/300;
        System.out.println("Transaktion während der Messung: "+i);
        System.out.println("Durchschnittliche Transaktionen: "+avgTrans);

    connection.commit();

    } catch (SQLException e) {
        // TODO Auto-generated catch block
        e.printStackTrace();
    }

}


private static void selectBranchID(PreparedStatement ps5) {
try{
    ps5.setInt(1,accid);
    ResultSet rs = ps5.executeQuery();

    while (rs.next())
    {
        branchid = rs.getInt(1);
    }

    } catch (Exception e) {
        e.printStackTrace();
    }


}
```

```java
private static void updateBranches(PreparedStatement ps3) {
try {

    ps3.setInt(1,delta);
    ps3.setInt(2,branchid);
    ps3.executeUpdate();

    } catch (Exception e) {
        e.printStackTrace();
    }

}


private static void updateTellers(PreparedStatement ps2) {
    try {

    ps2.setInt(1,delta);
    ps2.setInt(2,tellerid);
    ps2.executeUpdate();

    } catch (Exception e) {
        e.printStackTrace();
    }

}

private static void updateAccount(PreparedStatement ps1) {
    try {

    ps1.setInt(1,delta);
    ps1.setInt(2,accid);
    ps1.executeUpdate();

    } catch (Exception e) {
        e.printStackTrace();
    }

}

private static void insertHistory(PreparedStatement ps4) {
try {

    ps4.setInt(1,accid);
    ps4.setInt(2,tellerid);
    ps4.setInt(3,delta);
    ps4.setInt(4,branchid);
    ps4.setInt(5,(balance-delta));
    ps4.setString(6, "KommentarKommentarKommentarKom");
    ps4.executeUpdate();

    } catch (Exception e) {
        e.printStackTrace();
        }
    }

}
```